¿¡Las Musarañas No Pueden JUGAR AL BALONCESTO!?

Ray Nelson, Jr. y Douglas Kelly

Para cada niño que alguna vez fue escogido de último en un juego.

Acerca de los libros de Flying Rhinoceros

Los libros de Flying Rhinoceros están dedicados a la educación y el entretenimiento de los estudiantes de la escuela primaria. Flying Rhinoceros también ofrece materiales auxiliares con organización de lecciones y juegos que acompañan a todos sus libros. Para obtener más información, póngase en contacto con Flying Rhinoceros llamando al 1-800-537-4466 ó bigfan@flyingrhino.com

Número de tarjeta en el catálogo de la biblioteca del congreso: 2002100008
ISBN: 1-59168-019-0

Otros libros de Flying Rhinoceros:

El Almuerzo Raro de Eduardo Bichero (Insectos)
The Munchy Crunchy Bug Book (Insects)

Los Siete Mares en la Bañera de Bernardo (El mar y la vida marina)
The Seven Seas of Billy's Bathtub (Ocean and sea life)

El Gran Despegue de María y Sofía (El espacio exterior)
Connie & Bonnie's Birthday Blastoff (Outer space)

Dientes de Madera y Caramelos de Goma (Presidentes de los EE.UU.)
Wooden Teeth & Jelly Beans (U.S. presidents)

Las Aventuras Internas de Gustavito Barrilito (El cuerpo humano)
The Internal Adventures of Marcus Snarkis (Human body)

Saludos desde los Estados Unidos (Geografía de los EE.UU.)
Greetings from America (U.S. geography)

Un Dinosaurio se Comió Mi Tarea (Dinosaurios)
A Dinosaur Ate My Homework (Dinosaurs)

La Batalla Contra el Tedio (Cómo dibujar caricaturas)
The Battle Against Boredom (How to draw cartoons)

Queridos lectores,

En las páginas siguientes van a leer
acerca de Arturo, y cómo, gracias
al baloncesto, se enfrentó a un gran
reto personal. Aprendió a creer en
sí mismo. La lección que él aprendió
nos puede servir a todos nosotros,
ya sea en la cancha de baloncesto, en
la escuela, alrededor de la mesa con
nuestra familia, o en el patio
de recreo.

Estoy muy convencido de la importancia de aprender a leer.
La lectura nos ayuda a comprender el mundo que nos rodea
y a aprender lecciones valiosas acerca de la vida, a través
de la experiencia ajena.

Este libro es una manera extraordinaria de empezar a
aprender. Y no se olviden que, después de todo, "las
musarañas sí pueden jugar al baloncesto."

Sinceramente,

Clyde Drexler
#21
Clyde Drexler

musaraña, s. 1.) Cualquiera de varios animales pequeños, principalmente mamíferos insectívoros, de la familia Sorex, que tiene una nariz alargada y puntiaguda y ojos diminutos y, con frecuencia, la vista poco desarrollada. A veces se le llama "ratón musaraña." En ocasiones se le puede observar mirando los dibujos animados en la televisión y mordisqueando galletas de chocolate.

Había una vez una musaraña llamada Arturo. Arturo era como el resto de las musarañas que vivían en el bosque. Era pequeño, peludo, y muy calladito. Sin embargo, había algo que hacía que Arturo fuera diferente. Le encantaba jugar al baloncesto.

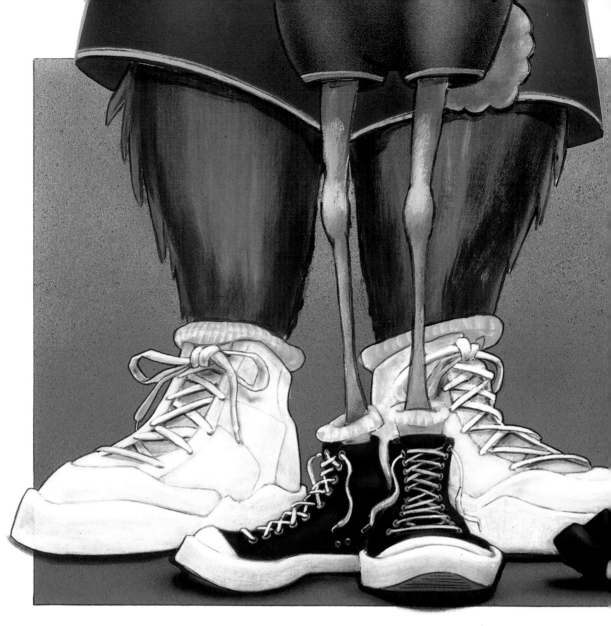

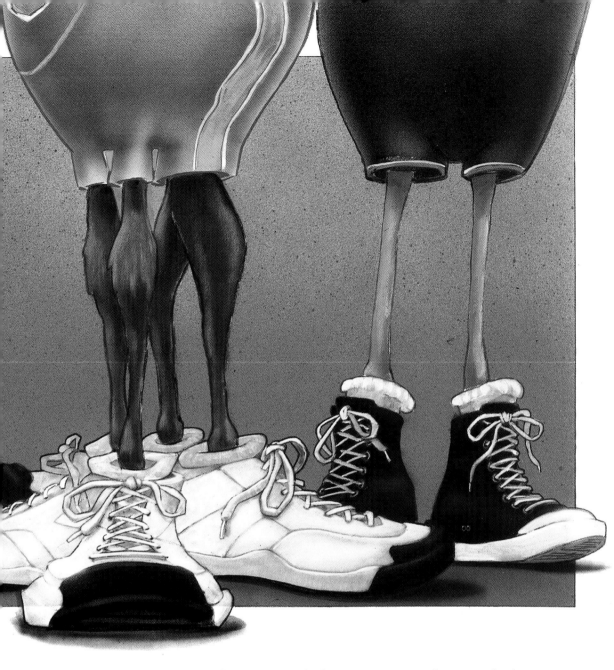

Todas las mañanas Arturo iba a jugar baloncesto con el resto de las criaturas del bosque. Aunque era del tamaño de un dedal, Arturo estiraba sus músculos diminutos y hacía ejercicios de calentamiento con los demás animales. La mayor parte del tiempo, se pasaba evitando que lo aplastaran los demás.

Los demás animales se alzaban como torres por encima de él, igual que los abetos gigantes que crecían en el bosque.

"Hola, Sr. Oso, ¿le importa si tiro a la canasta con usted?" El oso miró hacia abajo, más abajo, y hasta más abajo para ver a Arturo y gruñó...

"...El baloncesto es un juego físico de mucha destreza,
No basta saltar, empujar, o correr con ligereza.
Me río de los jugadores que al suelo derribo,
Te arrepentirás de hacerlo, si te chocas conmigo.
Todos los balones que por los aires reboten
Son solamente míos, no dejo que otros los toquen.
Tú eres muy pequeño y débil...delicado y enclenque,
Tu oportunidad de jugar en el partido es casi inexistente.
Así es que, márchate a casa antes de cubrirte de moretones,
O de convertirte en una mancha de grasa debajo de mis zapatones.
Realmente es muy sencillo, tú no sirves para esto:
este deporte es para gigantes...

¡Las musarañas no juegan al baloncesto!

Arturo decidió que sería mejor dejar a Oscar en paz. El deambuló a donde estaba Alfonso Alce rebotando el balón entre sus cuernos.

Arturo miró a Alfonso y con un chillido
en la voz dijo: "Hola, Sr. Alce. ¿Le importa
si practico con usted?"

Alfonso miró hacia abajo, más abajo y hasta
más abajo para ver a Arturo y puso sus
enormes ojos en blanco.

Él bramó...

"...Para triunfar en este deporte, tienes que ser muy espigado,
y, como bien sabes, tú eres más pequeño que un dado.
Sé que parezco muy cruel y que soy un gruñón,
Pero hay pelusas más grandes que tú debajo de mi sillón.
Éste no es tu deporte...terminarás siempre vencido,
Inténtalo otra vez cuando ya estés más crecido.
Te voy a decir la verdad, pequeñín, nunca alcanzarás el cesto:
No hay modo alguno que aquí...

¡las musarañas jueguen al baloncesto!

Con esas palabras Alfonso
le bufó y se fue trotando
al otro extremo
del prado.

¡¡¡Zuuuuuuummmm!!!

Arturo saltó por los aires cuando un conejo lo pasó corriendo. Dio vueltas y giró y aterrizó con un golpazo. "Oiga, Sr. Conejo, ¿le importa si practico con ustedes?"

"¿Quieres practicar con nosotros?" se rió el conejo. "No me importaría, pero creo que no podrás alcanzarnos."

"Ya ves...

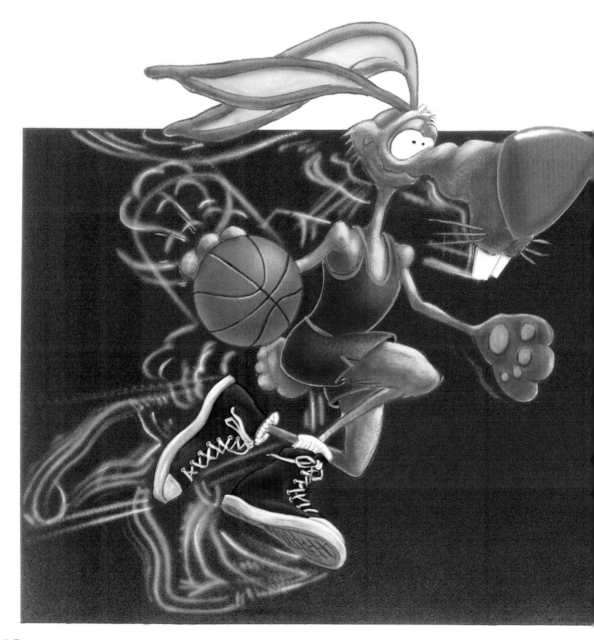

La velocidad es la clave para salir victoriosos,
Con nuestra gran rapidez, vamos a ser famosos.
En realidad esperamos que decidas no jugar,
Porque eres lento como melaza y nunca nos vas a alcanzar.

Nunca serás parte del equipo, ni jugarás con el resto,
es realmente muy sencillo...

¡Las musarañas son pésimas en jugar al baloncesto!

Los conejos se fueron en carrera y Arturo se quedó muy solito. Cuando de repente oyó el sonido de risa.

¡Ja Ja Ja Ja Ja Ja Ja Ja Ja Ja Ja Ja!

Eran los hermanos ratas y se reían de Arturo.

Arturo les fulminó con su mirada. "¿De qué se ríen, ¡eh!?"

"¡De ti, Arturo Musaraña! Nunca hemos visto a nadie tan cómico como tú," respondió Rata Apestosa. (Todos llamaban al hermano mayor Rata Apestosa porque...bueno, porque apestaba.)

Arturo cruzó sus pequeños brazos sobre su pecho y preguntó, "¿Por qué piensan ustedes, señores ratas, que son mejores que yo?"

"Por algo llaman a este juego 'el ratonero', ¿sabes?"

> No somos muy grandes...ni tampoco muy ligeras,
> pero jugamos de un modo que a la gente altera.
> Algunos jugadores dicen que somos muy antipáticas,
> Pero nosotras pensamos que es sólo cuestión de...táctica
> Tu problema, Musaraña, no es tu tamaño pequeño,
> Sino que juegas muy limpio para ganarte el premio.
> Este es nuestro consejo, y no son estupideces...
> **Las musarañas no juegan al BALONCESTO**...¡son demasiado corteses!

Arturo estaba cansado de estas payasadas y se arrimó corriendo a la banda lateral, donde estaban seleccionando los equipos para el partido.

Desde que cualquiera podía recordar, Oso y Alce habían sido siempre los capitanes de los equipos. (Un día, hace algunos años, Ardilla le preguntó a Oso si ella podía ser el capitán del equipo y Oso se la comió de un bocado. Desde ese día, Oso y Alce siempre fueron los capitanes.)

"Yo elijo a Conejo," dijo Oso. "Yo elijo a Rata," respondió Alce. "Yo elijo a...Castor...Pato...Conejo...Venado...Zorrillo..."

Arturo miró excitado a su alrededor cuando se dio cuenta de que tal vez pueda llegar a jugar hoy. Quedaban solo dos jugadores de quien escoger...Arturo y Carlos Caracol.

Aunque Arturo no era muy rápido, podía correr mil veces más rápido que Carlos Caracol. Podía saltar más alto que Carlos, y Arturo no dejaba un rastro asqueroso de baba cuando corría. Arturo tenía un buen chance de ser escogido. Pero entonces Arturo se dio cuenta de que el balón tenía algo escrito en crayón azul..."PROPIEDAD DE CARLOS CARACOL."

Alce se inclinó hacia Arturo y le dijo: "Yo elijo a Carlos, porque así podemos usar su balón."

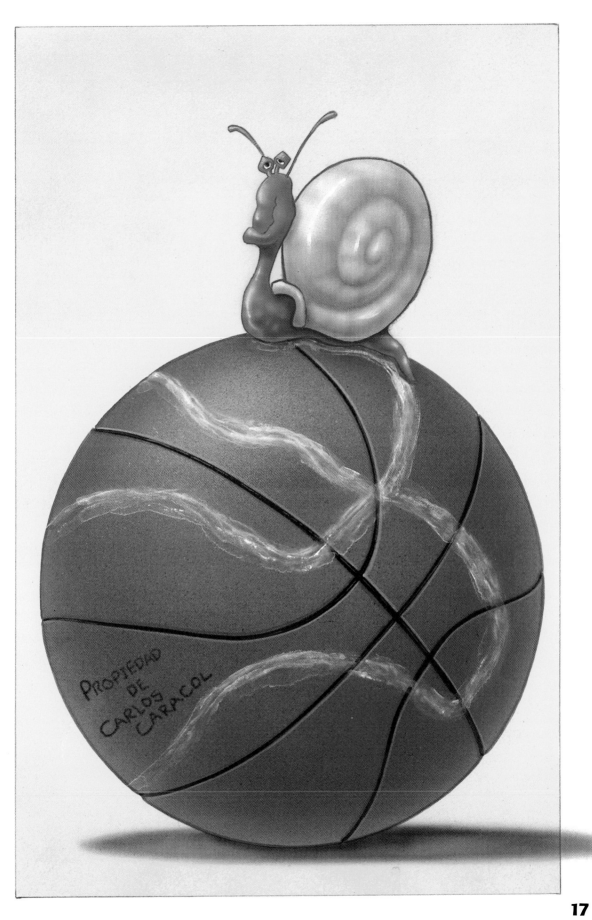

Arturo rápidamente se dio la vuelta para que nadie viera que se le estaban llenando los ojos de lágrimas. Al alejarse caminando oyó que Alce gritaba, "¡A ver, que alguien limpie las babas del balón y juguemos!"

Es posible que...¿¿las musarañas no pueden jugar al baloncesto??

DESDE LUEGO QUE SÍ PUEDES...TEN CONFIANZA EN TI MISMO...PON GRAN EMPEÑO...TEN UNA ACTITUD POSITIVA...

Arturo deambuló hasta llegar al río. Se quitó los zapatos de tenis y meneó los deditos de sus pies en el agua. "Soy un fracaso. Soy demasiado pequeño y demasiado lento para poder hacer algo importante en la vida." Sentado observó su imagen reflejada en el río. El borboteo del río fue interrumpido por la voz de una grande tortuga...

"¡Hola, qué tal, Musaraña!" gritó la tortuga.

Arturo no contestó; simplemente suspiró.

"¿Qué te pasa, mi amigo?

"Soy un fracaso," contestó Arturo. "Lo único que he querido ser es un gran jugador de baloncesto...pero todos los demás animales son mucho más grandes y más fuertes que yo. Cada vez que intento jugar, simplemente se burlan de mí."

"Yo sé cómo te sientes, pequeñito."

La tortuga sentó a Arturo sobre sus rodillas y echó el brazo sobre el hombro del pequeño ratón musaraña.

"Hace mucho tiempo, cuando yo era muy pequeña, todos se reían de lo lenta que era. Me tardaba todo el día lavándome los dientes.

"Un conejo en particular siempre se burlaba de lo lenta que era. Me podía haber ido y mantenerme triste con mi situación, pero decidí hacer algo diferente."

"¿Qué hiciste?" preguntó Arturo.

"Me fui derecha a ese alborotador orejudo y lo reté a una carrera. Pensaban que eso era lo más divertido que jamás habían oído...una tortuga retando a un conejo a una carrera.

"Yo sabía que iba a ser muy difícil ganarle al conejo en una carrera de pie. Practiqué duro todos los días hasta el día de la carrera. Me repetí una y otra vez, "Le puedo ganar al conejo...¡sé que le puedo ganar a ese conejo!"

"Finalmente, llegó el día de la gran carrera, y ¿sabes una cosa? Salí y le gané a ese conejo. Mi determinación y práctica ayudó a que yo gane esta carrera.

"Aprendí ese día que si te propones a hacer algo, practicas mucho, y tienes confianza en ti mismo, puedes lograr cualquier cosa que desees."

Con esas palabras, la tortuga posó a Arturo en el suelo, le despeinó el pelo, y le deseó suerte. Mientras se iba nadando, la tortuga gritó, "¡Yo sé que lo puedes lograr, Arturo Musaraña!"

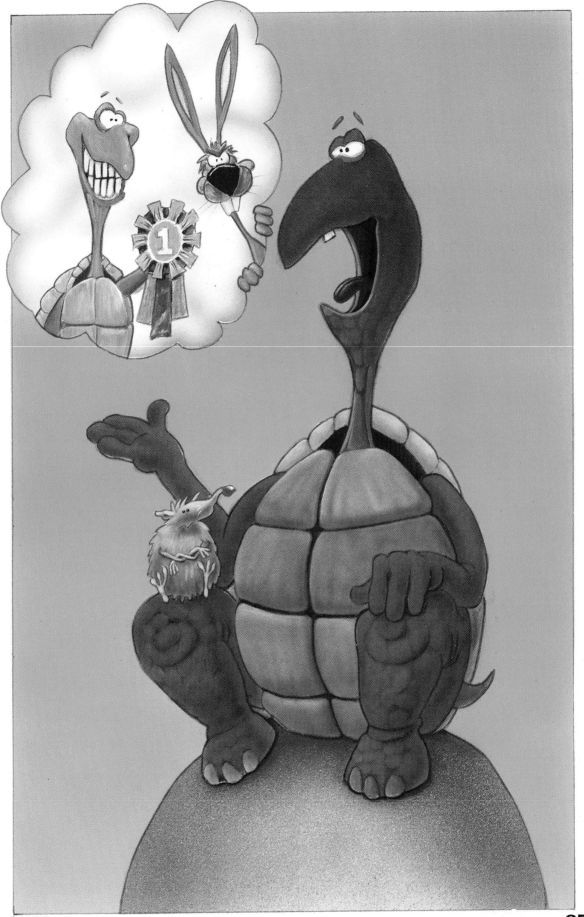

Arturo pasó toda la tarde reflexionando acerca de lo que la tortuga le había dicho. "Nadie puede impedirme que logre mi sueño," declaró. Empezaría a practicar apenas se levantaba a la mañana.

Esa noche Arturo se dio un baño de espuma y se puso sus pijamas favoritos. (Los suaves que tienen los pies y una abertura en el trasero) Se tomó una taza de chocolate caliente y se metió en la cama. Se quedó dormido con visiones de tiros y pases en su cabeza.

Desde luego que sí puedes...Ten confianza en ti mismo...Pon gran empeño...Ten una actit

A la mañana siguiente Arturo tomó una cuerda de saltar, unas pesas y un balón de baloncesto. Respiró hondo y empezó a practicar.

Practicó cómo driblar y su manejo del balón.

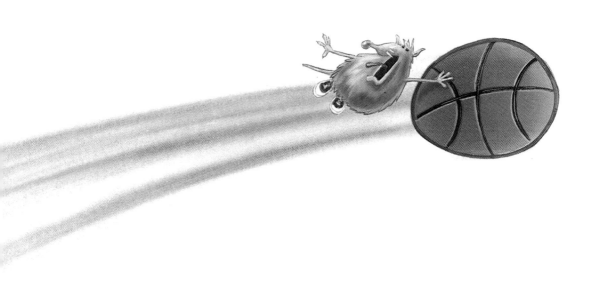

(La mayor parte del tiempo parecía que era el balón el que manejaba a Arturo.)

Practicó su lanzamiento con salto.

Arturo practicó durante horas y días y meses sin parar. El podía tirar hacia la canasta desde la pradera...¡SUISH, SUUSH, SUISH!

Podía tirar desde el tocón de árbol musgoso...¡SUISH, SUUSH, SUISH!

Incluso podía encestar desde el otro lado del estanque. De hecho, Arturo se había convertido en un jugador de baloncesto muy bueno.

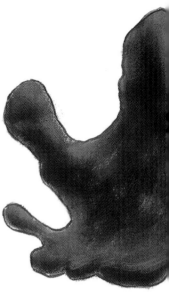

La próxima mañana, Arturo llegó al campo precisamente cuando se seleccionaban los equipos.

¿Dónde estaba Carlos Caracol? Arturo miró a su alrededor y no vio a Carlos por ninguna parte. Entonces Arturo recordó que era jueves. Carlos tiene sus clases de tuba los jueves.

Arturo estaba de suerte.

Los jugadores fueron escogidos hasta que solo quedaba Arturo. Alce se inclinó hacia abajo, más abajo, y hasta más abajo y le dijo a Arturo, "Muy bien...te escojo a ti."

Arturo saltó por los aires de alegría...hasta que se cayó de bruces.

Alce simplemente suspiró.

Los equipos se juntaron en el centro de la pista. Lanzaron el balón por el aire. Oso dio un brinco y empezó a lanzarlo hacia Conejo, cuando, como por arte de magia, Arturo se lanzó por el aire. Con un pequeño gruñido le arrebató el balón a Oso.

Todos se quedaron sorprendidos. Se quedaron inmóviles mirando a Arturo. ¿Cómo es posible que una diminuta musaraña pueda robarle el balón a Oso? Jamás alguien le había sacado el balón a Oso.

Arturo tomó el balón y dribló hacia la canasta. Movía sus patitas con gran energía y con la mayor rapidez posible. Podía sentir el retumbar de los pasos pesados de los animales que lo perseguían y oyó que Rata Apestosa gritaba, "¡Aplástenlo...aplástenlo!"

Arturo sabía que había llegado el momento de hacer su jugada.

Plantó su piececito justo detrás de la línea de tiros libres y saltó con todas sus fuerzas. Subía hacia arriba, arriba, arriba hasta el cielo, más alto de lo que nunca jamás había subido. Rebotó en la cornamenta de Alce...brincó por encima de Conejo y disparó hacia el aro. Llevando el balón en las manos se la pasó por encima de la cabeza y en un solo movimiento la metió en la canasta como que estaba haciendo una clavada, algo que ningún otro roedor jamás había hecho.

Todas las criaturas del bosque se quedaron pasmadas cuando Arturo se quedó colgado del aro. Y entonces...con mucho cuidado...Oso estiró el brazo y agarró a Arturo. Posó a la pequeña musaraña en el suelo y se aclaró la voz.

En una voz osuna y ronca, Oso dijo...

Hemos sido muy crueles. Nos hemos portado fatal.
Me siento avergonzado, me siento realmente mal.
No somos quién para decir si otros están equivocados,
Por el contrario, debemos hacer lo posible por ayudarlos.
Querido amiguito peludo, nos has enseñado con mucha razón,
Que no es necesario ser grande ni rápido para jugar al balón.
Lo que necesitas está en tu interior, viene de tu corazón,
Tu deseo y tus sueños te hacen digno de nuestra admiración.

Hemos sido muy inmaduros y hemos causado mucha agitación.
Hoy, Arturo la Musaraña, tú eres el mejor de todos,
y sin ninguna excepción.

Con eso, Oso tomó la manita de Arturo y la sacudió. A Arturo le castañeteaban los dientes y parecía que se le iba a separar el brazo de su cuerpecito. Pero fue la mejor sensación que había sentido jamás.

Todos los animales se sentaron a la sombra de un abeto muy viejo. Todos sonriéndose y a veces riéndose a carcajadas y tomando sodas frías. Ese día todos aprendieron que...

¡Las musarañas realmente pueden jugar al baloncesto!

SHEILA LUCAS

Douglas Kelly y Ray Nelson, Jr.

Doug Kelly no sabe nada acerca del baloncesto. Pero lo que le falta en conocimientos del baloncesto lo suple con talento artístico. Doug estudió arte en el Art Center College of Design, en Pasadena, California, y ha colaborado en cinco libros para niños hasta la fecha. Como siempre pierde sus pelotas de golf, ha aprendido a disfrutar su búsqueda por todos los campos de golf en Oregón, así como disfruta visitando con sus amigos, Victoria y el gato Toonces.

Desde que Ray Nelson se cayó de cabeza cuando era un niño pequeño, ha disfrutado haciendo dibujos graciosos y escribiendo cuentos divertidos. Actualmente pasa sus días escribiendo e ilustrando libros para Flying Rhinoceros, Inc., en Portland, Oregon. A Ray también le encanta jugar al baloncesto. De hecho, jugó al baloncesto cuando estaba en la universidad y todavía tiene el récord por el mayor número de faltas personales cometidas en una temporada. (Sorprendente, ya que solamente jugaba unos 20 segundos por partido.) Le gusta disfrutar su tiempo libre con su esposa, sus hijos, y su perra gran danesa Molly, que pesa 200 libras (90 kg). Ray, sin embargo, no tiene mucho tiempo libre porque tiene que limpiar constantemente las babas que deja su perra de 200 libras (90 kg).

Agradecimiento especial

Marta Monetti, Amy Westlund, Julie Mohr, Mike McLane, Norm Myhr, Sharon Higdon, Melody Stafford, Jim Taylor, Chris Nelson, Jeff Nuss and Ben Adams.